NAME

COMMENT

NAME	COMMENT

NAME	COMMENT

NAME	COMMENT

NAME | COMMENT

NAME	COMMENT

NAME	COMMENT

NAME	COMMENT

NAME

COMMENT

NAME	COMMENT

NAME | COMMENT

NAME	COMMENT

NAME

COMMENT

NAME	COMMENT

NAME	COMMENT

NAME	COMMENT

NAME

COMMENT

NAME	COMMENT

NAME	COMMENT

NAME	COMMENT

NAME	COMMENT

NAME	COMMENT

NAME	COMMENT

NAME

COMMENT

NAME

COMMENT

NAME	COMMENT

NAME

COMMENT

NAME	COMMENT

NAME	COMMENT

NAME	COMMENT

NAME

COMMENT

NAME	COMMENT

NAME

COMMENT

NAME	COMMENT

NAME	COMMENT

NAME	COMMENT

NAME	COMMENT

NAME	COMMENT

NAME	COMMENT

NAME	COMMENT

NAME	COMMENT

NAME	COMMENT

NAME	COMMENT

NAME	COMMENT

NAME	COMMENT

NAME	COMMENT

NAME	COMMENT

NAME	COMMENT

NAME	COMMENT

NAME

COMMENT

NAME	COMMENT

NAME	COMMENT

NAME	COMMENT

NAME	COMMENT

NAME

COMMENT

NAME

COMMENT

NAME

COMMENT

NAME

COMMENT

NAME	COMMENT

NAME	COMMENT

NAME

COMMENT

NAME	COMMENT

NAME	COMMENT

NAME

COMMENT

NAME	COMMENT

NAME	COMMENT

NAME	COMMENT

NAME	COMMENT

NAME

COMMENT

NAME	COMMENT

NAME	COMMENT

NAME

COMMENT

NAME	COMMENT

NAME

COMMENT

NAME	COMMENT

NAME	COMMENT

NAME	COMMENT

NAME	COMMENT

NAME

COMMENT

NAME	COMMENT

NAME	COMMENT

NAME	COMMENT

NAME	COMMENT

NAME	COMMENT

NAME

COMMENT

NAME	COMMENT

NAME

COMMENT

NAME

COMMENT

NAME	COMMENT

NAME	COMMENT

NAME	COMMENT

NAME	COMMENT

NAME

COMMENT

NAME

COMMENT

NAME	COMMENT

NAME | COMMENT

NAME	COMMENT

NAME	COMMENT

NAME	COMMENT

NAME	COMMENT

NAME	COMMENT

NAME

COMMENT

NAME	COMMENT

NAME	COMMENT

NAME

COMMENT

NAME	COMMENT

NAME	COMMENT

NAME	COMMENT

NAME	COMMENT

NAME	COMMENT

NAME	COMMENT

NAME	COMMENT

NAME

COMMENT

NAME	COMMENT

NAME

COMMENT

NAME	COMMENT

NAME	COMMENT

NAME | COMMENT

NAME

COMMENT

NAME	COMMENT

Made in the USA
Monee, IL
15 June 2022